Stephan de Vogel

Bescherung beim FC St. Pauli?
(Ein Drama in 2 Akten, 2. Teil)

Neue Gedichte zur Zweitligasaison
2018/2019 des FC St. Pauli

Die vielleicht besten Gedichte der Welt... *
(2. Teil: Januar bis Mai 2019)

* zur Zweitligasaison 2018/2019 des FC St. Pauli (bis zum Beweis des Gegenteils...)

1. Auflage Juni 2019

© by Stephan de Vogel
Druck: Books on Demand, Norderstedt
Bildrecht/Foto auf dem Cover: Pixabay
Bildrecht/Foto Seite 84: Christian de Vogel
Bildrecht/Foto Seite 83: Witters GmbH
Bildrechte/Fotos auf den Seiten 76, 77, 85, 86 und 87: Pexels
Bildrechte/Fotos Seiten 31+82: Stephan de Vogel

Kontaktadresse: StdeVo1@aol.com

Herstellung und Verlag:

BoD- Books on Demand, Norderstedt

ISBN: 978-3-7431-1576-7

Ein kleines Vorwort – oder: Hölle, Hölle, Hölle...

Meine Güte, auf was hatte ich mich *da* bloß eingelassen?
Voller Begeisterung schloss ich den 1. Teil der dichterischen Saisonbegleitung Ende Dezember 2018 ab. Und ich war mir sicher: *Das* würde die beste FCSP-Saison aller Zeiten werden. In 2019 würden wir nicht nur unsere Stadtmeisterschaft verteidigen, nein, wir würden auch mit Sicherheit im Sommer aufsteigen.
Zu Weihnachten gab es eine schöne Bescherung, denn wir überwinterten auf dem Relegationsplatz.
Im neuen Jahr wurden wir dann durch Fußball-Gott Alex Meier verstärkt, der auch wie eine Rakete bei uns einschlug.
Und ich nahm mir vor, zu allen Spielen meinen (dichterischen) Senf dazuzugeben, komme, was da wolle. Und es kam! Und zwar reichlich...
Teilweise wusste ich wirklich nicht mehr, was ich *dazu* noch schreiben sollte, ohne mir meine gute Laune und meinen Humor verderben zu lassen.
Hatte uns der Fußballgott (der aus dem Götterhimmel) verlassen? Oft waren fast alle Stammspieler nicht einsetzbar, was uns letztendlich auch das Genick brach: Wir hatten nicht nur Pech, wir hatten außerdem auch kein Glück.
Was soll man *dazu* in einem Vorwort noch sagen?

    Die Rückrunde, sie war oft Mist,
    kein Spitzenclub St. Pauli ist...

19.01.2019

Fußballbanause

Im Hintergrund: Erstligatruppe,
so was ist mir total schnuppe
Die 1. Liga ist egal,
nur St. Pauli rockt total

Obwohl...
Ein bisschen seh ich Konferenz
Was willste machen? - Fußballfans!

So, Abpfiff, ich bin wieder da
Fußball ist so wunderbar!!!

Und jetzt wieder 2. Liga:
FC St. Pauli (Überflieger)

Ein bisschen ist es grad beschissen,
denn auch den Ziereis hat's zerrissen,
auch er hat einen Kreuzbandriss,
und wurde nicht vom Glück geküsst

Hat der FC nun auch Beschwerden,
so schlimm kann es gar nicht werden
Bei uns spielt Alexander Meier,
die Rückrunde wird eine Feier

In 10 Tagen geht es los,
die Spannung, die ist riesengroß

27.01.2019

Nur noch 2 Tage bis zum 19. Spieltag...

Sind wir auch nur ein Underdog,
die Liga wird von uns gerockt
Und wenn wir alle aufrecht stehen,
kann unser Traum auch weitergehen

Bleibt so der Saisonverlauf,
dann steigen wir vielleicht auch auf
Die Mopo tippt da auf Platz 3
Bescheidenheit? - mir einerlei

Ich tipp da eher auf Platz 1
nächste Saison geht's gegen Mainz
Und einen Sieg gibt's gegen Bayern,
der Kalle kann vor Frust dann reihern,
der Uli kriegt nen roten Kopf
(hab grad 3 Mal auf Holz geklopft)

Was wird, und ob wir echt aufsteigen,
das wird sich alles dann noch zeigen
Wunder gibt es ja tagtäglich,
und noch ist wirklich alles möglich

Ich schrieb im Mai (im letzten Jahr),
prophetisch fast, so wunderbar:
Wir kommen wie Phönix aus der Asche,
und stecken *alle* in die Tasche...

29.01.2019

Am Morgen vor dem Spiel
Oder: Träume haben wir viel...

Unsere Traumsaison geht weiter,
vielleicht heut Abend Spitzenreiter
St. Pauli ist ne coole Sau
und steht dann vor dem HSV

In Darmstadt steigt heute der Kick,
und ich spür's: wir sind zurück
Die Liga bekommt einen Schreck,
denn die Piraten sind an Deck

Wir sind die coolen Underdogs,
trinken Jack Daniels on the rocks
oder eben Astrabier,
die Allergeilsten, das sind wir

Wir sind auf einer Riesenwelle,
und wollen zur Spitze der Tabelle
Der Rest kann sich die Augen reiben:
Ganz oben werden wir auch bleiben

Das ist echt kein Übertreiben
(Träume kann ich gut beschreiben)
Weiter denke ich nicht nach,
und hoffe, ich werde nicht wach...

Einen noch...
Oder: Get your kicks with Asterix

Die ganze 2. Liga ist
von Kommerz-Vereinen besetzt
Die ganze 2. Liga?
Nein, ein kleiner Verein
mit unbeugsamen Spielern und Fans
hört nicht auf, Widerstand zu leisten,
und ist ganz einfach Kult

Oder so ähnlich...

Für uns singt keine Nina Hagen,
da brauchst du echt nicht nach zu fragen
Wir haben Spieler, die sich lohnen,
und die verdienen nicht Millionen

Wir brauchen keine neuen zu kaufen,
unsere Uhr? - nicht abgelaufen
Torschützenkönig? - bei uns nie,
und trotzdem: wir sind St. Pauli!

Astra ist unser Zaubertrank,
unser Fußball ist wie Punk
Wir sind nicht klein, wir sind ganz groß,
und legen jetzt erst richtig los!!!

30.01.2019

19. Spieltag
Darmstadt : St. Pauli (2:1)
(verloren in der Nachspielzeit..)

Schade...

Gib mir ein F
Gib mir ein U
Gib mir ein C
Gib mir ein K

FUCK

Der Endstand ist zum Astra-Saufen:
Unnötig, doof und dumm gelaufen
Keine Ballade, aber so schade

Erst waren wir voll da,
und zum Schluss dann voll wech
Erst der Spitzenreiter,
und später mit Pech

So ist Fußball...

Aber ich bin gar nicht bang,
denn die Saison ist ja noch lang
Ich will nicht immer oben stehen,
lieber mal kämpfend untergehen

Wir *haben* ganz viel Potential,
doch wir gewinnen nicht *jedes* Mal
Verlieren ist scheiße und auch schlecht,
ist klar, und damit hast du recht

Klar ist St. Pauli nicht wie Bayern
(da müsste ich auch wirklich reiern)
Aber wir spielen richtig gut,
und braunweiß ist unser Blut

04.02.2019

20. Spieltag
St. Pauli : Union Berlin (3:2)
Oder: High on Emotion

1. Halbzeit (1:0)

Die 1. Halbzeit: Abwehrschlacht,
und alles andere als schwach
Zur Halbzeitpause sind wir 2.,
ich hoffe, das geht auch so weiter

Für mich bisher das beste Spiel,
die Null zu halten, ist das Ziel
Noch mal: wir stehen auf Platz 2,
und alles andere?, einerlei!

Das Wichtigste ist, dass wir führen,
jetzt müssen wir Beton anrühren
Nochmal treffen und gewinnen,
dann kann der Aufstiegskampf beginnen

2. Halbzeit (3:2, nach 2:0-Führung)

Mats Möller-Daehli, der Teufelsgeiger,
6 Mal am Stück ein Übersteiger
Pauli macht das Spiel des Lebens,
und Unions Ausgleich ist vergebens

Und Meier hat 2 Mal getroffen,
fühl mich so wie von Sekt besoffen,
oder von Schampus, bin entzückt,
denn heute ist ein Tag im Glück

HSV Erster, und wir Zweiter,
so geht's zum Glück aber nicht weiter
Tabellenplätze werden verschoben,
und bald, da sind wir ganz, ganz oben

Unsere Traumsaison geht weiter,
kein Donnerwetter, immer heiter
In der Brandung sind wir der Fels,
und es erklingen die Hells Bells

Ein 3:2, fast Herzinfarkt,
St. Pauli war unendlich stark
Das war heute das Spiel der Spiele,
und davon gibt es nicht so viele

Und Freitag dann, in Köln am Rhein,
da werden wir der Sieger sein
3 Punkte nehmen wir uns mit,
der Weg zur Spitze, Schritt für Schritt,
und nur St. Pauli ist der Hit

Vor nicht ganz so langer Zeit,
war es ja schon mal so weit:
Über uns sind nur die Sterne,
und unter uns, in weiter Ferne:
Köln und HSV (helau!!!)

08.02.2019

Vor dem 21. Spieltag:
Heute wird gerockt – Wir sind der Underdog

Auch heute sind wir, so ein Fuck,
wieder mal der Underduck
Ach nein, Quatsch, es wird gerockt,
und wir sind der Underdog

Unsere Traumreise geht weiter,
vor dem Spiel sind wir noch Zweiter,
und falls wir siegen, ganz weit oben,
während um uns Stürme toben

Heute nun Köln: ein harter Brocken,
wir können die Kölner ja mal schocken
Freitag, Flutlicht, Auswärtsspiel,
davon bekomm ich nie zu viel

Kein Haus, kein Auto aber Sky,
und auswärts immer mit dabei
Heute sind die Kölner dran,
Pauli bringt auswärts immer fun

Wenn wir gewinnen, so ein Schiet,
dann sind wir nur noch Favorit
Vom Jäger werden wir zum Gejagten,
den (früher mal..) Alpträume plagten
St. Pauli ist die Sensation,
is klar: You'll never walk alone...

21. Spieltag
Köln : St. Pauli (4:1)
Ein kleiner Rückschlag, der Traum aber bleibt...

1. Halbzeit (1:1)

St. Pauli macht das gar nicht dumm
Erst Rückstand, dann Ausgleich
und Kicken mit Mumm

Kein Videobeweis, is klar,
dass das Köln-Tor abseits war
Wir sind noch immer auf Platz 2,
die Saison macht wirklich high

Alex Meier (drittes Tor):
Der neue Held vom Millerntor

Und im Tor, zum ersten Mal:
Svend Brodersen, sensational!
Der Reim floss wohl etwas zu schnell,
ich meinte doch: sensationell

Ein Gedanke vor der 2. Halbzeit:

Ich hoffe, dass wir
gleich die Jecken
noch locker in
die Tasche stecken...

2. Halbzeit (Die Hölle für Kölle?)

53. Minute
2:1 Köln, schade, aber egal:
Wir, der krasse Außenseiter,
geben nicht auf, wir machen weiter
Der Rückstand, er wird uns nicht lähmen,
wir brauchen uns für nichts zu schämen

Irgendwann danach...:
3:1, scheiße, Köln ist besser,
und 3 x Cordoba (der Stresser)
Aber egal, als Underdog,
wird von uns jedes Spiel gerockt

Und wir müssen nicht, wir können,
sind trotzdem noch im Aufstiegsrennen
Die Niederlage ist egal,
die Kritiker, die können uns mal

Aufrecht können wir nach Hause fahren,
das beste St. Pauli seit Jahren
In Köln verlieren?, nicht schlimm,
das nehmen wir mal locker hin

Vom Gewinnen mal eine Pause,
nun kommen zwei Spiele zu Hause,
die Spitzenteams werden geschockt,
die Liga wird von uns gerockt

Die schönste Rolle: Underdog

Das Fazit zum Spiel:

(Nicht live bei Sky, aber du bist dabei..)

Ein Fan, der hebt hier nun sein Glas,
St. Pauli macht mir wirklich Spaß
Mit Astra sage ich dir prost,
die Kölner? Ne Nummer zu groß

14.02.2019

**Irgendwann in der 2. Saisonhälfte:
Lebenszeichen vom Club der Reichen**

Bei Pauli sind wir keine Schläger,
wir sind eher so wie Jäger
Pinneberg hat eingenetzt,
und sich von uns abgesetzt

6 Punkte Vorsprung, das ist viel,
und sie, sie wähnen sich schon im Ziel,
träumen vom DFB-Pokal
(gewinnt ihn, könnt ihr gerne mal)

Hauptsache wir kommen wieder ran,
am Samstag sind wir beide dran
Da spielen wir zur gleichen Zeit,
St. Pauli ist dafür bereit

Wir haben noch sehr viel zu tun,
es ist in jedem Spiel High Noon
Zwei Siege mehr, dann sind wir da,
auf Augenhöhe (wunderbar!)

Wir sind dann schon fast im Ziel,
denn Augenhöhe ist echt viel
Ein Traum für alle Pauli-Fans
(ihr seid die Aufstiegs-Konkurrenz)

16.02.2019

Vor dem 22. Spieltag
Keine Haue mehr von Aue

Aue liebt das Millerntor,
denn Pleiten kommen hier kaum vor,
zumindest in zuletzt 6 Jahren
sind sie beglückt nach Haus gefahren
(und haben uns dreimal geschlagen)

Der Dichter, heute mit dabei,
sagt: diese Phase ist vorbei

Köln hat gestern noch verloren,
2 Punkte Abstand, Schlagdistanz
Vor uns liegt jetzt auch Paderborn,
noch.., wir spielen auf zum Tanz

Sicherlich, ich muss es sagen:
Die Kölner *haben* uns geschlagen,
doch das ist heute einerlei,
wir ziehen noch an ihnen vorbei

Dann wär da noch der HSV,
6 Punkte mehr und „Schweinchen Schlau"
Die müssen heut nach Heidenheim
(und darauf find ich keinen Reim)

3 Punkte weg: Tabellenspitze?
Ich mach mir schon mal eine Skizze...

22. Spieltag
St. Pauli : Aue (1:2)

Oder: Back to the roots (Scheiß-Fußball)
Oder: Pauli wie immer, aber noch schlimmer!
Oder: Der Traum ist aus

Ich trank heut Bier, ich bin nicht breit,
und sah den Offenbarungseid
Ein Rückfall in finsterste Zeiten,
mit schlechten Spielen und viel Pleiten

Das Spiel kann ich echt nicht verstehn,
so kraftlos, bocklos untergehn
Ein volles Haus, ne volle Kasse,
aber das Spiel? Nicht mal Kreisklasse

Ich bin erschüttert und schockiert,
hätt nicht gedacht, dass das passiert
Doch wenigstens das Bier war gut,
das Spiel machte mir keinen Mut

Was war da los? - Kein Mannschaftsgeist,
so werden wir echt durchgereicht
Heut ist mir Fußball völlig schnuppe,
St. Pauli ist ne Gurkentruppe!

Wenn man wieder auf Nägeln kaut,
dann ist der Tag total versaut
Ich möchte echt nicht weiterdenken,
würd gern den Frust im Bier ertränken

Wir hatten einfach zu viel Glück
und das ist aufgebraucht,
das echte Pauli ist zurück,
ist leider wieder aufgetaucht

Die Enttäuschung, die ist groß,
und nicht nur ich war fassungslos
Würde ich nach draußen gehen,
dann würde ich doch aufrecht stehen

Und wenn man mich angreift,
dann würd ich mich wehren,
und meinen Gegner das Fürchten lehren
Kampflos ergeben wir uns nie!
Was war das für ein St. Pauli?

Ein Kackspiel und ein Kackgedicht,
was ist nur los? Ich weiß es nicht
Meine Stimmung ist verdorben,
denn heute ist ein Traum gestorben

Und eines habe ich gelernt:
1. Liga? Lichtjahre entfernt
Ich bin ja nun wirklich nicht kleinlich,
aber *das* Spiel, das war peinlich!

Das tut mich stressen, stressen, stressen,
den Aufstieg können wir wohl vergessen
Und eines ist mir wirklich klar:
Ich bin heut nicht mehr ansprechbar!

Etwas später...

Eben noch Sportschau gesehn,
das war nicht so richtig schön,
vielleicht bin ich auch ungerecht,
denn es war ja nicht alles schlecht

Ich krieg noch immer einen zu viel
OK, es war *kein* schlechtes Spiel
(aus dem Fan-Herz tropft das Blut..)
aber es war auch nicht gut!

Meine Schlussworte (spöttisch, aber ich darf das):

Was stand auf der Jacke des Auer Trainers?
Kumpelverein – echt witzig, zum Schreien
Fürs Fazit könnt's nicht besser sein:
Kumpelverein schlägt *Rumpelverein*

Es gibt Tage, die sind schön,
da macht es Spaß, zum Spiel zu gehen
Was alle Fußball-Fans auch wissen:
Manche Tage sind beschissen

Heute war mal so ein Tag,
weshalb ich dichtend mich beklag:
Stark angefangen, stark nachgelassen,
ich kann es immer noch nicht fassen

Langweilig wird es bei uns nie:
Mal gut, mal schlecht, halt St. Pauli...

23.02.2019

Vor dem 23. Spieltag
Wir kommen wie Phönix aus der Asche...

Wir spielen gegen Ingolstadt,
und die, die machen wir auch platt
Ein Sieg mit vielen Pauli-Toren,
dies Jahr haben wir zu oft verloren

Die halbe Stadt liegt gerade flach,
worüber ich nun gar nicht lach
Das Spiel werd ich zu Hause sehn
Und gute Besserung? (Wär schön!)

Wir schaffen heut ein fettes Pfund,
und morgen bin ich dann gesund
Auch wenn der Kopf vom Dichten raucht:
Das Glück ist noch nicht aufgebraucht

Draußen ist wieder der Winter,
und im Winter waren wir gut
Der Fußballgott steht voll dahinter
Wenn wir gewinnen, macht das Mut

12 Spiele noch vor unserer Brust,
die Jungs haben voll aufs Kicken Lust,
dann kann ja eigentlich nichts passieren,
außer dass wir trotzdem verlieren..
Aber heut will ich nicht klagen,
hab keinen Bock auf Niederlagen

Kurz vor dem Anpfiff
Oder: Am Scheideweg

Bevor sich gleich der Ball bewegt:
Wir stehen nun am Scheideweg
Wollen wir es wirklich noch mal wissen?
Oder wird es jetzt beschissen?

Union: Gestern ein Unentschieden,
genau so ging es Heidenheim
Zum Glück ließen sie Punkte liegen,
die Hoffnung könnte wieder keimen

Wenn wir heut zu Haus gewinnen,
ist mindestens Platz 4 noch drin
Und verliert dann noch Köln am Rhein,
können wir sogar Dritter sein

Wir werden sicher nicht absteigen,
und es wird sich die Richtung zeigen,
in die der Weg nun weitergeht,
vielleicht ist es noch nicht zu spät

Ich hoffe ja auf eine Feier,
die Abwehr, Alexander Meier,
die Rettung durch den Fußball-Gott,
und dass das Pech ist ganz weit fott

Und, egal, ob wir verlieren,
danach geht's raus:
Ich geh spazieren..

Fürs Fan-Herz gleich ne starke Truppe,
für die Gesundheit Hühnersuppe,
für meine Nerven nur ruhig Blut,
und dann wird alles wieder gut

Auf dem Sofa, live dabei,
und im Fernsehen läuft Sky:
St. Pauli live und in HD,
ich seh den Sieg in meinem Palais

Und endet heut das Mini-Tief,
dann geht garantiert nichts schief,
dann werden die Schultern wieder breiter,
und unser Traum geht einfach weiter

23. Spieltag
St. Pauli : Ingolstadt (1:0)

Wieder in der Spur

Das war echt Dramatik pur,
doch wir sind wieder in der Spur
Das 4. Tor von Alex Meier
(mach dich bereit zur Aufstiegsfeier (-;)

Musste nicht leiden wie ein Hund,
ich glaub, ich bin wieder gesund
Gleich werde ich nach draußen gehen,
und dieser Tag ist wunderschön

Ein hart umkämpfter Arbeitssieg,
und ohne Ende Gelbe Karten,
die meisten waren davon für uns,
der Schiri war einer der Harten

Der Frühling klopft leise
an unsere Tür,
und wir sind wieder
auf Platz 4

2 Punkte bis zum 2. Platz
11 Spiele bis zum Saisonende -
Für Träume gibt es keinen Ersatz -
Ich falte dankbar meine Hände

Was für ein geiles Wochenende!!!

02.03.2019

Vor dem 24. Spieltag

Auszug aus einem meiner älteren Gedichte:

Heute

Heute – Das Einzige, das zählt,
wo das Gestern dich nicht quält
Die Zukunft, sie ist noch nicht da,
Träume machst du heute wahr...

Heute / Neufassung 2019

Heute – Wunder geschehen täglich
Heute ist doch alles möglich

Wir spielen gleich in Paderborn,
da sind wir wieder ganz weit vorn
Unser Traum kann neu beginnen,
weil wir in Paderborn gewinnen

Uns kann gar nichts mehr passieren,
weil wir danach nicht mehr verlieren
In acht Tagen hat der HSV
den erneuten Supergau

Und dann, der Sieger, St. Pauli heißt er,
und ist und bleibt weiter Stadtmeister!!

24. Spieltag
Paderborn : St. Pauli (0:1)

Karneval (auf jeden Fall..)

Ein absolutes Spitzenspiel,
mit Kampf und Power, sehr, sehr viel
St. Pauli, aufrecht in der Schlacht,
kämpft und rackert, dass es kracht

Von Meier mal ein Abseitstor
(ab und zu kommt das ja vor)
Ist wieder nicht abseits gewesen,
wenn wir verlieren, fress ich n Besen

Das Pauli-Leben war mal schwer,
und unser Glas war oft halbleer
Jetzt macht St. Pauli nur noch Spaß,
und halbvoll ist das Astra-Glas

Unser Tiger ist im Tank,
meine Nerven liegen blank,
ich sitze hier, werd immer stiller
Ne Abwehrschlacht, ein wahrer Thriller
St. Pauli: Favoritenkiller

Meier hat wieder getroffen,
St. Pauli ist vor Glück besoffen
In 8 Tagen, da wird es gewittern,
der HSV kann schon mal zittern...

Und noch einmal zum HSV,
zu seinem klaren Supergau:
Am Millerntor dann, in 8 Tagen,
ist sicher: wir werden euch schlagen!!!

03.03.2019

Eine Woche vor dem Derby

And the winner is…
In einer Woche sind wir schlauer
Schaun mer mal,
sagt Beckenbauer

Die Mopo, die uns gerne tadelt,
hat uns nun auch mal geadelt,
meint, wir seien in Derby-Form,
und wie wir spielen, sei enorm

Das sind Vorschusslorbeeren, klar,
die Ausgangslage: wunderbar
Besser, sich nicht als Sieger fühlen,
das Spiel müssen wir erst mal spielen

Heut seh ich Sky, die Konferenz,
und schau mir an, die Konkurrenz
Morgen spielt der „große Bruder",
reißt er noch mal rum, das Ruder?

St. Pauli ist der „kleine Bruder",
und wir sind eher wie ein Luder
Wir sind frech, wir übertreiben,
da könnt ihr euch die Augen reiben

Über den größten Unterschied
schreibe ich gleich, wie man hier sieht:

St. Pauli ist ja eher Punk,
und vom Denken nicht so krank
Die Wahrheit, die ist eher schlicht:
Die Größten? Nein, das sind wir nicht!

Wir haben keinen Größenwahn,
dem HSV ziehen wir den Zahn
Der HSV? Es ist vergeblich,
ist immer noch so überheblich

Wird morgen gegen Fürth verlieren,
und danach zittern und auch frieren
In einer Woche, ich seh zu,
hat HSV sein Waterloo

Eine Woche noch...

HSV-Fans, die vor Wut nur schäumen,
HSV-Spieler, die vom Verlieren träumen..
Das Leben ist nicht immer fair,
bald haben wir 2 Punkte mehr

Ich faste nun (kein Astra-Bier)),
das ist fatal, aber egal...
Die Nummer 1 der Stadt sind wir!!!

04.03.2019

HSV : Fürth (1:0)
„Vorspiel"

Das Ergebnis? Ungerecht!
Der HSV spielt grottenschlecht
Für Pauli-Fans ne gute Nacht,
der HSV: erschreckend schwach

Für uns ist das natürlich gut,
und macht dann auch für Sonntag Mut:
Der HSV wird über Wolken fliegen
und Sonntag erwachen, wir werden siegen!

Kein Gegner,
sondern nur ein Opfer
Das Derby wird
ein Schenkelklopfer...

08.03.2019

Konservativ
Oder: Noch 2 Tage bis zum Derby

Ein (heiliges) Bild in meiner Wohnung... :

Jetzt bin ich doch konservativ,
und hoffe, Sonntag geht nichts schief
Wär schon, wenn alles bleibt beim Alten
Stadtmeisterschaft will ich behalten

Wir müssen wirklich nicht aufsteigen
Hauptsache, Sonntag nicht vergeigen,
dann würd ich mich ganz tief verneigen...

Konservativ (Fortsetzung)

Es passt mir sehr gut in den Kram,
wenn er so bleibt, mein Bilderrahmen
Aber, ich setz es in die Klammer
(vielleicht kommt *noch* ein Derby-Hammer)

Vor jetzt schon mehr als gut 8 Jahren
sind wir zum Volkspark hingefahren
You'll never walk alone mal singen,
und dort den HSV bezwingen

Stadtmeisterschaft braucht keine Pause:
Am Sonntag siegen wir zu Hause
Wir singen's alle laut im Chor,
denn wir sind am Millerntor:

Wir singen es mit 1.000 Phon,
is klar: You'll never walk alone
Der HSV, er wird's vergeigen,
und mal wieder Nerven zeigen

Der HSV versinkt vor Scham
im Boden (neuer Bilderrahmen)
Der HSV hat nix zu melden,
am Millerntor sind *wir* die Helden

Ich würde sie vielleicht auch trösten
(die HSVer sind nicht die Größten),
dann, wenn die Fresse ist nicht mehr so dick,
auf dem Boden der Tatsachen (endlich zurück..)

Einen noch (nun ist aber gut...)

Für'n HSV ist das so bitter,
denn jetzt ist er nur noch Dritter
Gewonnen hat Union Berlin -
Die Rothosen bald auf den Knien

Es fehlt die Kraft von toughen Rittern,
die HSVer sind am Zittern
Der größte Alptraum, er ist nah,
das ist der Abpfiff Sonntag, klar

St. Pauli sitzt euch dann im Nacken,
ihr könnt euch in die Hose kacken,
1 Punkt wird uns dann nur noch trennen,
fangt dann man nicht gleich an zu flennen

Es ist doch klar, um was es geht:
Das ist die Stadt-Rivalität
Da nimmt man sich gerne auf die Schippe,
und raucht danach zusammen ne Kippe

Alkoholfreies Bier, Sonntag im Glas,
das meiste hier, das ist doch Spaß
Es freut mich wirklich, ja das stimmt,
dass ein paar Spieler Kumpels sind

Spieler aus beiden Vereinen,
die das vielleicht beim Spiel verneinen
Und wenn der Ball dann wieder ruht,
dann ist doch alles wieder gut...

09.03.2019

Das 100-Punktespiel

Jetzt ist klar, um was es geht,
neben der Rivalität
Ein Aufsteiger steht wohl fest:
Köln hat sich weit abgesetzt

Die Konkurrenz, die hat gepatzt,
versagte auf dem Fußballplatz
Kiel und Paderborn – verloren;
klingt wie Musik in meinen Ohren

Morgen das 100-Punktespiel,
und es geht um sehr, sehr viel
Gewinnt St. Pauli, das ist wahr,
sind die Verfolger nicht mehr nah

Dann sind sie 7 Punkte weg,
der HSV, der liegt im Dreck,
ist wie Union einen Punkt davor,
der Jäger kommt vom Millerntor

Und spielt das Glück in unsere Karten,
dann brauchen wir nur abzuwarten

Und auch bei einem Unentschieden
wären wir wohl extrem zufrieden:
5 Punkte Abstand zu Platz 5,
und dann sag ich: gib mir 5

Alter Schwede

Ihr HSVer könnt mich hassen,
aber ich kann es nicht lassen
vorm Derby noch weiterzuschreiben,
ich lasse es einfach nicht bleiben

Damit ihr wisst, wovon ich rede:
braunweiß ist auch der Alte Schwede

(Alter Schwede, in braun-weiß)

Hier war einmal ein schönes Bild -
Das Copyright hat es gekillt...
Nicht den Dichter hier verfluchen,
sondern bei Google Bilder suchen

Schwarzweißblau ist abgereist
Hamburg ist und bleibt braunweiß

Wie ihr das findet? Ach, ich weiß nicht
Wichtig ist Sonntag, 13:30,
ab da ist dann unser High Noon,
da kriegt ihr es mit uns zu tun,
die Pleite haut euch aus den Schuhen!

10.03.2019

25. Spieltag
St. Pauli : HSV (0:4)

Heute habe ich mich geschämt...

Der schlimmste Tag wohl meines Lebens,
und alle Hoffnung war vergebens
In mir drin ist nur noch Stille,
und außerdem noch 0 Promille

Es ist der schlimmste Fastentag,
ich glaub, mich trifft hier gleich der Schlag
Würd mich gern hemmungslos besaufen
oder nen Marathon jetzt laufen

Spielerisch wie 3. Liga,
so werden wir echt nie mehr Sieger,
der Aufstieg, der ist nun passé,
wahrscheinlicher ist eher Schnee

0 Promille wird's heut bleiben,
und ich hör gleich auf mit Schreiben
Und selbst wenn wir nur noch vergeigen,
wir schaffen's *nicht mal* abzusteigen

Wie jedes Heimspiel der Saison
ein ausverkauftes Stadion
Zum ersten Mal ist es passiert:
Ich bin am Boden, deprimiert

Und jetzt mal abseits vom Verein
(wie die gespielt haben, war zum Weinen)
Wenigstens *ich* hab nicht verloren,
kein Glühwein, kein Bier und durchgefroren

Die Spieler haben bei mir verschissen,
vom FC will ich nichts mehr wissen
doch Gurkentruppe, keine Sorgen:
wahrscheinlich ist das anders, morgen

Heut habt ihr fast alle verschissen,
das Spiel habt ihr total geschmissen
Morgen früh seid ihr weit fott,
und im Büro krieg *ich* den Spott

Das Spiel, das war kein Schenkelkloper,
wir waren kein Gegner, wir waren Opfer
Das war echt peinlich, peinlich, peinlich,
der schlimmste Horror und unheimlich!

Manchmal hab ich das so satt,
jetzt wieder Nr. 2 der Stadt
Für ein Derby viel zu wenig,
der HSV ist heute König

Ein paar Stunden später...

Der Dichter hat sich abgeregt
(ihr kennt mich ja: bin eher schräg)
Nun kann ich endlich wieder lachen,
und hier meine Witze machen

Das war heut echt emotional,
da denkt man auch: *ihr könnt mich mal!*
Da ist man nicht immer gerecht;
Wir waren nicht unendlich schlecht

Die anderen waren einfach besser,
und hatten wohl auch viel mehr Glück
Bei so einem Spiel sieht man nicht gut aus,
doch bald, da kommt das Glück zurück

Ein Derby halt, das ist fatal,
ist oft extrem emotional
Und ich freu mich auf's nächste Spiel,
von Pauli krieg ich *nie* zu viel

Ich bin ein Fan, nicht objektiv,
mal gehen die Reime total schief
Mal bin ich total ungerecht,
und denke alles war nur schlecht

Aber schlecht ist's eigentlich nie
Am Schönsten ist's bei St. Pauli,
wenn man so stark für Pauli fühlt,
dann ist man halt echt aufgewühlt...

16.03.2019

Das Ende einer Ära

Manchmal fehlen mir die Worte,
aber jetzt geht's mezzoforte:
Dortmund und Bayern – die sind mir egal
Wer wird Deutscher Meister?; die Antwort: banal

Die letzten dunklen 7 Tage
waren hammerhart, ist keine Frage
Champions League ohne deutsche Vereine?
So scheißegal, verstehst, was ich meine?

Eine Ära ging zu Ende,
St. Paulis schwarzes Wochenende
So wie ein Absteiger gespielt,
und sich wohl auch so gefühlt

Und jetzt meine Chronistenpflicht,
und Freude, nein, macht mir das nicht…:

26. Spieltag
Sandhausen : St. Pauli (4:0)
Oder: Das tut richtig weh...

Das ist jetzt wieder mein St. Pauli,
fast jeder haut uns was aufs Mauli,
ob nun von oben oder unten,
all unsere Power ist verschwunden

Trotzdem immer noch Platz 4,
bei Fastenzeit und ohne Bier
Wie kann man so was nur ertragen?
Frag mich nicht, ich kann's nicht sagen!

Die 46. Minute,
und wahrlich: das ist keine gute
Es steht schon 3:0 für Sandhausen,
und mich, mich packt das reine Grausen

Wieder null Abwehr, richtig schlapp,
den Fernseher schalte ich jetzt ab

Was ist nur los? Zu viele Fragen...
Die Pleite ist nicht zu ertragen
Heute ist die Trümmertruppe
mir scheißegal und total schnuppe

Humor, den habe ich ja noch,
gleich steht es hier geschrieben,
aus meinem tiefen Stimmungsloch,
es ist kein bisschen übertrieben:

Bevor ich meines Amtes walte,
und die Scheiß-Kiste echt ausschalte,
steht es für Pauli 0:4
(total zum Kotzen, ohne Bier!)

And 40 minutes are to go,
das Spiel, das ist ein Griff ins Klo
Und noch konkreter der Begriff:
Nach Magenkrämpfen und Dünnpfiff

Das Fanleben?, nicht immer fair
Absteigen können wir nicht mehr,
aber kicken? - Leider auch nicht,
der Auftritt heute, nein er taucht nicht!

Das ist heute so ein Fuck,
St. Pauli geht mir auf den Sack!
Kaum ne Woche nicht mehr Stadtmeister,
und schon geht alles hier koppheister

Allen Grund hab ich zum Klagen:
8 Gegentore in 7 Tagen,
und dann noch all der andere Mist,
der gerade bei St. Pauli ist

Von Sandhausen geht's nach Hause,
und dann ist fast 2 Wochen Pause

Zum Glück!, muss ich mir eingestehen,
ich kann den Scheiß grad nicht mehr sehen,
und auch die Spieler nicht verstehen..

Fußball-Fan (What a man)

Ich sag es unverfänglich:
Das Leben ist vergänglich
Doch das, das ist es nicht alleine,
du verstehst noch nicht, was ich meine

Das Leben ist auch manchmal schaurig,
und ich, ich bin unendlich traurig

Grad lass den Kopf ich leider hängen,
ich schaff es nicht mehr, zu verdrängen
Das ist ja kein fröhliches Lied,
wenn dich der Fußball runter zieht

Manchmal werd ich still und stiller,
und Fußball ist mein Stimmungskiller
Mal muss ich nur St. Pauli sehn,
und kann die Welt nicht mehr verstehn

Ich könnte jetzt was Schönes machen,
oder einfach fröhlich lachen,
doch das geht nicht, leider, denn,
ich bin ja ein Fußball-Fan

Und läuft die Welt dir aus dem Ruder,
wirst du betrogen, von nem Luder,
das alles interessiert dich nicht,
nur dein Verein hat noch Gewicht
Etwas anderes zählt nicht,
wenn Pauli dir dein Herz zerbricht...

Liebe ist nicht immer schön,
nur selten kann man sie verstehen,
und wenn es sich um Fußball dreht,
ja, dann ist eh alles zu spät

Verlieren kann man nicht vermeiden,
und Lieben heißt auch immer Leiden
Und wahre Liebe endet nie,
zumindest nicht zu St. Pauli

Im Leben hast du viele Frauen,
den meisten kannst du auch vertrauen,
aber du hast nur einen Verein,
tja, Pech gehabt, du armes Schwein!

Und Lieben, das heißt auch Verstehen,
der Wahrheit fest ins Auge sehen:
Es läuft grad schlecht, und zwar extrem,
und dein Verein hat ein Problem

Und du gehörst ja mit dazu,
deshalb: Probleme hast auch du,
aber ihr werdet's überstehn,
das Leben, das wird weitergehn

Für viele hast du einen Knall,
bist oft schlecht drauf, wegen Scheiß-Fußball
Aber so ist er halt, der Fan,
das ist kein bisschen so wie Zen

23.03.2019

Eine Woche später (doch kein Miesepeter)

Ich sitze hier, der Kopf ist klar,
im Hintergrund: Cafe del Mar
Der Bilderrahmen ist nicht verbannt,
aber er trägt nen Trauerrand

Ich fühle mich nicht so nach Trauern,
es wird wohl ein paar Jahre dauern
bis zum nächsten Derby-Sieg,
weshalb ich nicht die Krise krieg

Was trage ich? - St. Pauli-Sachen,
und ich kann auch wieder lachen

Das Leben ist nicht immer schön
(kannst du ja bei St. Pauli sehn)
Und es geht auch oft auf und ab,
doch so was hält uns ja auf Trab

Du bist echt, du bist kein Klon,
lebst nach *You'll never walk alone*
Und deine Hoffnung, die stirbt nie,
und dein Verein ist St. Pauli

Und ist das Leben auch mal kagge,
hisst du deine Piratenflagge
Und du lässt dich nicht unterkriegen,
St. Pauli muss nicht immer siegen!!!

27.03.2019

**In medias res
Oder: Wofür steht St. Pauli?**

Manchmal ist das Leben hart,
willkommen in der Gegenwart

Si oder no (ja oder nein) in Español
(St. Pauli spielt nicht immer toll)

Viva con Agua,
Nazis raus
Me Too-Bewegung,
der Traum: niemals aus
Der Kampf für eine bessere Welt,
Hoffnung, die niemals zerfällt
St. Pauli bringt's:
Das Herz schlägt links
Si!

Der Schiri hat schuld,
egal: wir sind kult
Wir glauben nicht an Ideale,
aber an die Meisterschale
Wir spielen guten Fußball
steigen auf (1. Liga)
Werden Deutscher Meister
und Champions League-Sieger
No!

Die Abwehr ist gut,
und die 0, ja die steht
Wir schießen Tore,
und wissen, wie's geht

Weil wir immer weiter kämpfen,
bis wir nicht mehr können, vor Krämpfen
Wir lassen uns nicht unterkriegen,
und es ist schwer, uns zu besiegen
Wir können kämpfen wie wilde Tiger

(Ich hoffe, das kommt bald mal wieder...)

29.03.2019

Ist es wunderbar oder so lala?
(Vor dem 27. Spieltag)

Freitagmorgen und zu Hause,
der Dichter im Urlaub, mit Fastenpause
Heute ist wieder ein Spiel,
erwarten tu ich nicht so viel

4. Platz, Grund für Beschwerden?,
oje, es kann nur besser werden
Ein kurzer Blick auf die Tabelle:
St. Pauli rückt man auf die Pelle

Ist Pauli Fußball ohne Spaß?
Sind wir doch nur Mittelmaß?
Das sind mir zu viele Fragen,
und ich kann keine Antwort sagen

Vielleicht gibt es wieder nur Frust,
ich habe darauf keine Lust!
Wär wunderbar: ein schönes Spiel
Wär so lala: krieg einen zu viel

Ein gutes Spiel, mehr will ich nicht,
und dann ein fröhliches Gedicht,
ein Heimsieg, weiter auf Platz 4,
und (Fastenpause) Astra-Bier

30.03.2019

27. Spieltag
St. Pauli : Duisburg (0:0)

Oh, St. Pauli...

Es ist jetzt Samstag, ein neuer Morgen,
und ich mache mir große Sorgen
Die Saison, die ist gelaufen,
da könnt man sich nur noch besaufen

Bei Pauli, da läuft gar nichts mehr,
dran Spaß zu haben, fällt mir schwer,
hab das Gefühl, ich kann nicht mehr...

Wär ich bloß zu Haus geblieben,
dann hätt ich *das hier* nicht geschrieben:

(Vom Thema einmal abgewichen,
denn *das* Gedicht hab ich gestrichen!!!)
„The day after" und zu Hause,
ich brauche echt mal eine Pause

Das Spiel gestern war nicht schön,
und es fiel schwer, das anzusehen
Ich weiß nicht, ob ich mich verrenne
weil ich kaum Gutes noch erkenne

St. Pauli macht es mir so schwer,
und manchmal *kann* ich echt nicht mehr...

Zweifel

Und läuft dein Leben aus dem Ruder,
wirst du betrogen, von nem Luder,
das alles interessiert dich nicht,
wenn Pauli dir dein Herz zerbricht

Das Gegenteil von Happyness,
so was nennt man dann wohl Stress
Das ist fast so wie ein Fluch,
die Arbeit an dem Pauli-Buch...

Das macht mir gerade sehr viel Aua,
fühl mich, als wäre ich in Trauer,
worüber ich ein wenig staune,
ich kämpfe um die gute Laune!

Der Frust, der hat sich jetzt gelegt,
und ich hab mich abgeregt
Die Saison liegt auf den Knien:
St. Pauli ist kein Spitzenteam!!!

Zum Glück ist mir das endlich klar,
die gute Laune wieder da
Hauptsache, gut ist der Verein,
der Fußball muss es ja nicht sein...

Noch früh am Morgen (kurz nach 9),
und ich kann mich wieder freuen
Die Stimmung, die ist doch gerettet,
und darauf hätt ich nicht gewettet (-;

06.04.2019

28. Spieltag
Holstein Kiel : St. Pauli (2:1)
Auf dem Boden der Tatsachen

Wirklich, es tut mich nicht stören:
Wir sind da, wo wir hingehören:
Irgendwo, jetzt auf Platz 6,
geiler als Fußball? Meine Ex!

Aber ich bin echt nicht traurig,
denn das Spiel, das war nicht schaurig
St. Pauli besser als zuletzt,
kein Spiel, das einen Fan entsetzt

Doch Spitzenfußball war das auch nicht,
für 1. Liga?, ne!, das taucht nicht
Der Witz dabei: auch Paderborn
hätte fast sein Spiel verlorn

Aber trotzdem, es ist vertrackt,
die Rückrunde haben wir verkackt
Vielleicht war's gut, heut zu vergeigen,
wir sind zu schlecht, um aufzusteigen

Der letzte Zug ist abgefahren,
das Spiel war wieder eine Qual
Das beste St. Pauli seit Jahren?
Na ja, nicht ganz (ist auch egal!)

Heut hat es zwar wieder gekracht,
doch die Saison hat Spaß gemacht
(meistens, ich hätte fast gelacht...)

Dieses Gedicht *ist* so gemeint,
und draußen, wo die Sonne scheint,
da gehe ich dann gleich spazieren
(das mach ich oft, wenn wir verlieren)

Und nein, es geht nicht an die Nieren...

10.04.2019

Das Ende einer Ära (schon wieder..)

Beim FC läuft es beschissen,
jetzt wurd Kaucinski rausgeschmissen
Und auch der Sportchef, er ist weg;
kommt St. Pauli aus dem Dreck?

Im Dezember, vorletztes Jahr,
Erinnerungen sind noch da,
begann der gemeinsame Weg,
und der war oft ziemlich schräg

Damals war ich viel zu dick,
Pauli ein Fußball-Missgeschick
Jetzt minus 11 Kilo, und Freude beim Wiegen,
und Pauli ist nicht abgestiegen

Seitdem die Gedichte, fast rund um die Uhr,
und ich bin längst reif für ne Kur
Bin nun zu Hause (macht Pauli mich krank?)
Kein gesunder Spieler ist auf meiner Bank (-;

Am Steuer ist Jos Luhukay,
als neuer Trainer mit dabei
OK, er ist kein junger Spund,
doch vielleicht kriegt er uns gesund

Als Fan, da litt ich wie ein Hund
im dichterischen Untergrund...

13.04.2019

Ein kleines Fußballwunder (?)
Oder: Die Hoffnung stirbt zuletzt...
Oder: Steh auf, dein Glaube hat dir geholfen!

Der Glaube kann Berge versetzen,
es wird religiös auf den Fußballplätzen

1 ½ Wochen lag ich darnieder,
das ist vorbei: die Gesundheit kommt wieder
Beim FC waren es viele Wochen,
aber mein Glaube ist ungebrochen

Mein lieber Leser, sei bereit,
wir sind ja nicht vom Spaß befreit
6 Spiele noch (is wahr, geschworen!)
Und sie sind noch nicht verloren

Was hat uns unsere Kraft geraubt? -
Siegen kann nur, wer an sich glaubt -
Der Glaube war nicht mehr zu sehen,
deshalb waren wir am Untergehen

Prophetisch sage ich: *Steh auf!*
Ab morgen haben wir einen Lauf...

Ein Team steht wieder auf dem Platz,
mit Luhukay gibt es Rabbatz
Ne Woche vor Ostern, ne knappe Umdrehung,
es folgt die Wiederauferstehung...

14.04.2019

29. Spieltag
St. Pauli : Bielefeld (1:1)
Immerhin ein Punktgewinn

Der Winter verlässt unsere Welt:
1 Punkt gegen Bielefeld
Das war heut nicht Bonjour Tristess,
und es war auch kein Dauerstress

Das Gegentor: totaler Scheiß,
noch immer kein Videobeweis
Ein Elfmeter, der keiner war,
und dann 0:1 (na wunderbar)

Aber wir kamen wieder zurück,
das war Können und nicht nur Glück
OK: die Besten sind wir nicht,
doch aufwärts geht es sicherlich

10 Stammspieler haben gefehlt,
die 1. Halbzeit hat gequält,
aber wir sind zurückgekommen
(Beten hilft nicht nur den Frommen)

Vom Aufstieg, ne, will ich nichts wissen,
da lief es doch zu oft beschissen,
aber St. Pauli, das ist klar,
ist bald schon so, wie's früher war
(Das wäre einfach wunderbar!!!)

15.04.2019

Willkommen zurück

Endlich wieder
Fußball spielen
(im Büro sein)

Endlich wieder
Tore erzielen
(arbeiten)

Bis zum Ende
der Saison
(2 Wochen Urlaub)
fast jeden Tag
im Stadion
(im Büro)

Endlich wieder auf dem Platz -
oder auf der Bank

Endlich wieder auf dem Platz,
und das heißt nicht mehr krank

Na Gott sei dank!

20.04.2019

Dankbarkeit

Nein, liebe Freunde, ich bin nicht breit
Das Thema *ist* die Dankbarkeit

Die Saison ist bald zu Ende,
eine Saison mit vielen Extremen,
in der besten aller Ligen,
und wir sind nicht abgestiegen

Gefühlt waren wir mehrmals ganz unten,
und alle Hoffnung schien verschwunden
In Wirklichkeit waren wir weit oben,
die Wahrnehmung hat sich verschoben

Ich sage einmal *vielen Dank!*
Bin fast gesund, und nicht mehr krank
Diese Saison war abgefahren,
oft war`s wie in der Achterbahn

Und immer noch ist sehr viel drin,
falls wir morgen auch gewinnen

Dann wäre es der 5. Platz,
wir hätten den Piratenschatz
3 Punkte bis Relegation,
das wäre dann für uns der Lohn

OK, ich geb's zu, seien wir fair:
Aufsteigen wird wohl eher schwer
Doch keiner weiß, was uns gelingt,
falls der 3. Platz noch winkt

5 Spiele bis zur Sommerpause,
keine WM ((-;), erholen zu Hause
Und ich nehm mir meine Kur:
2 Wochen Malle, Erholung pur

Köln ist so gut wie aufgestiegen,
der HSV kann nicht mehr siegen
Die Spannung, die ist unermesslich,
diese Saison wird unvergesslich

Sie war mir oft ne Knochenmühle,
ne Achterbahnfahrt der Gefühle
Teils kannte ich mich selbst nicht mehr,
das riss mich alles hin und her

Vielleicht ist es wie in der Liebe,
du denkst, du kriegst voll auf die Rübe
Hältst es kaum aus, die ganze Qual -
Beim Happy End ist das egal!

Diese Saison: ne Wundertüte;
ich dachte öfter: meine Güte!
Aber stell's dir einfach vor:
1. Liga, Millerntor... (-;
Hoffnung, Glaube, Liebe,
und wir: die Punktediebe (und ganz viel Humor!)

21.04.2019

Wiederauferstehung?

Der Pabst gab gerade seinen Segen,
jetzt können wir ganz viel bewegen...

Gibt es für uns ein Frohes Fest,
mit 3 Punkten im Osternest?

Der neue Trainer Luhukay
schenkt uns allen ein Osterei...

22.04.2019

30. Spieltag
Heidenheim : St. Pauli (3:0)
Ausgeträumt

Der Mai, er hat noch nicht begonnen,
ich bin viel draußen, auch zum Sonnen
Das Wetter, das ist traumhaft schön,
wie in der Kindheit, fast obszön

Ein endloser Sommer, so fühlt es sich an,
ist schön, wenn er beginnen kann
Er tut für so viel entschädigen,
und ich kann draußen viel erledigen

Und St. Pauli? Ist am Boden,
spielt noch Fußball, sehr maroden
Der Tiefpunkt, endlich sind wir da,
und das Saisonende ist nah

Kein Grund mehr, irgendwas zu hoffen,
Pauli macht traurig und betroffen
Und dazu noch das ganze Pech,
zu viele Spieler sind grad wech

Kein Mensch kann das hier noch verstehen,
wie wir so hilflos untergehen
Wie wir spielen, ist irritierend,
und außerdem extrem frustrierend

Da ist nichts mehr, um drauf zu bauen,
die Spieler haben kein Selbstvertrauen -
Der Dichter bittet um Verzeihung,
die selbst erfüllende Prophezeiung:

Die Spieler denken, sie sind schlecht,
und damit haben sie wohl recht
Als wär nur Gift in der Kombüse:
Bei jedem Spiel kriegen sie die Düse

Für anklagende Worte ist nicht die Zeit,
ich spüre Trauer, ihr tut mir leid
Mit Absicht spielt wohl keiner so,
und kaum einer ist jetzt grad froh

Positiv müssen wir's sehen,
dann können wir wieder auferstehen
Absteigen kann uns nicht passieren,
wir müssen uns regenerieren

Zum Glück ist ja bald Sommerpause,
Spieler erholt euch, geht nach Hause,
zuletzt machte es zu oft *autsch*,
vielleicht müsst ihr mal auf die Couch

Die Hells Bells sind unser Gong,
bald endet sie, unsere Saison
Sie ist leider null Komödie,
sie ist ne griechische Tragödie...

Wiederauferstehung
St. Pauli nicht, aber ich!

Ich hab mich unter Druck gesetzt,
ich wollte schreiben, bis zuletzt,
bis zum Ende der Saison,
das fühlt sich an wie Marathon,
mit gänzlich untrainierten Beinen
Und es ist wahr: es ist zum Weinen

Der Sinn des Buches ging komplett schief,
das Thema machte depressiv
Es brachte mich zur Apathie,
fast ne St. Pauli-Allergie
Aber, nein, das will ich nicht,
dass das alles mein Herz zerbricht

Ich will endlich wieder lachen,
und mir keine Sorgen machen
Vielleicht ist dies Buch gleich zu Ende,
vielleicht das Ende offen
Oder ich schaffe noch die Wende,
noch bin ich aber so betroffen

Ein Projekt, sehr froh begonnen,
zwischen den Fingern ist es zerronnen
Momentan spür ich kein Glück,
und ich bin extrem bedrückt

Weil ich mich nach dem Glück ausrichte,
ist dieses Buch erst mal Geschichte...

27.04.2019

Fast schon Sommerpause...

Am 12. Mai, da kann ich nicht,
und deshalb gilt dies nur für mich:
Das letzte Heimspiel bis August? -
Zum letzten Mal ein bisschen Frust...

Die Rückrunde? - Wir sind Vergeiger,
der letzte Platz, Quasi-Absteiger
Vielleicht geh ich heut einen kippen,
mein Buch zerschellte an den Klippen

Ich bin kein Anwalt, kann nicht klagen
Obwohl's nicht stimmt, ich kann's nicht sagen
Wofür steht St. Pauli noch?
Die Frage stürzte in ein Loch

Zu viel schlimme Dinge, die zusammen kamen,
das aufzuschreiben, sprengt den Rahmen,
aber sie zogen mich echt runter,
sie machten traurig, und nicht munter

Wegen Spitzenfußball sind wir nicht beliebt,
und gut, dass es *St. Depri* gibt,
da wäre ich fast hingegangen,
doch hab ich mich wohl gefangen

4 Spiele, von denen ich berichte,
und dann ist die Saison Geschichte
Kein Fußball mehr, wie eine Kur,
die Sommerpause: Erholung pur

Die Rückrunde in Apathie
oder die Stringtheorie
Ich kann beides nicht erklären,
und auch beides nicht verstehn
Doch Sommerpause und Erholung,
das wird wunderschön

Die 1. Liga? - nichts für uns,
unser Fußball? - eher Kunst
Hier werden auch Grottenkicks bejubelt,
und viel Geld wird für Bier verjubelt

Der weise Yoda würde sagen
(man kann es manchmal schwer ertragen)
Kein Spitzenclub St. Pauli ist -
Sehr vieles ist spitze, doch Fußball ist Mist!

Aber trotzdem...

Wie die große Liebe, mit Höhen und Tiefen,
mit Spielern, die kickten, während sie schliefen
Der beste Club auf dieser Welt,
mit Spielen, in denen er zerfällt

Und jetzt auch noch der Dalai Lama:
Vielleicht war das ja alles Karma!
Die Hinrunde zu gut, die Rückrunde zu schlecht,
das hat sich dann ja doch gerächt

Der Fußballgott spuckt in die Suppe,
wir sind halt keine Spitzentruppe,
diese Erkenntnis rückt vieles gerade,
aber es ist trotzdem schade

Der Traum vom Aufstieg ist geplatzt,
wir haben es zu oft verpatzt

Die große Liebe, sie kann auch schmerzen,
und sie haut Narben in die Herzen,
aber du gibst sie nicht auf,
meistens bringt sie dich besser drauf

Die Rückrunde, sie war nicht schön,
und vieles war nicht anzusehn,
aber, was ich noch nicht schrieb:
man hat sich ja *trotzdem* noch lieb

Die große Liebe, dein Verein,
würgt dir auch mal einen rein,
aber du hast ihm schon vergeben,
und du wirst weiter mit ihm leben

Die große Liebe, sie stirbt nie,
zumindest nicht zu St. Pauli...

28.04.2019

31. Spieltag
St. Pauli : Jahn Regensburg (4:3)
Wiederauferstehung am Millerntor

Eine Woche knapp zu spät,
sind wir endlich umgedreht
Nach Ostern haben wir es verstanden,
und wir sind wiederauferstanden

Dem Abwärtsstrudel noch entronnen,
und endlich wieder mal gewonnen
Das Spiel gestern war ein Drama,
doch wir haben wieder gutes Karma

Zu lange fehlte uns die Kraft,
nun haben wir einen Sieg geschafft
Der Aufstieg liegt in weiter Ferne,
doch Siege hab ich wirklich gerne

St. Pauli ist mir nicht egal,
wir gingen durch das tiefste Tal
Und wie es scheint, sind wir zurück,
was war ich manches Mal bedrückt..

Hab manches Mal vor Frust gestöhnt,
doch mit den Spielern bin ich versöhnt
Wir waren zusammen im tiefsten Tal,
das ist vorbei, und auch egal!!!

05.05.2019

32. Spieltag
Dresden : St. Pauli (2:1)
Das Fußball-Jahr 2019 – vielleicht nix gut…

Es ist echt nicht mehr zum Lachen,
es ist ein Alptraum, und kein Erwachen
Zu viele Spieler, die uns fehlen,
und Ergebnisse, die quälen

Von 7 x auswärts 6 x vergeigt,
ein Trend, der voll nach unten zeigt
Jetzt hätt ich gern n Doppelkorn:
1 x gewonnen (in Paderborn)

30 Gegentore dies Jahr,
das ist doch wirklich echt nicht wahr
Am Keeper liegt es aber nie,
was ist nur los bei St. Pauli?

Wer fehlt in der Abwehr? Nimms mit Humor..
Ziereis, Hornschuh, Avevor -
das ist schlimm für's Millerntor

Läuft nicht gut für die Pauli-Welt,
seht, wer noch fehlt im Mittelfeld:
Flum, Soboto, Buchtmann, Neudecker, Knoll -
OK, ihr seht: es läuft nicht toll
Und vorn im Sturm, ist wirklich schwer, Mann,
fehlt immer noch unser Henk Veerman

32. Spieltag / Nachtrag
HSV : Ingolstadt (0:3)
Oder: Das Tief im Norden

So gern wär ich jetzt tief im Süden,
so gerne hätt ich inneren Frieden
Der Fußballgott hat uns verlassen,
und darauf kannst du einen lassen

Es ist fast Sommer, aber draußen ist Winter!
Das Saisonende ist bald,
und mir ist so furchtbar kalt -
Kalt wie das Eis, das auf den Fjorden,
und das Tief, das liegt im Norden

Aus diesem Grund, an dieser Stelle,
kommt gleich die *Rückrundentabelle*
Ohne Hinrunde? Das war's!
In Hamburg ist der Himmel schwarz

Und wenn man mal nicht kotzen kann,
schau dir nur die Tabelle an...
Ich habe doch *so* oft gemahnt...
Und es lief anders als geplant:

Anders? OK, wir ahnen es schon
HSV 16., Relegation
St. Pauli hätte 1 Punkt mehr -
Wer *davon* wohl begeistert wär?

Wer liebt, möchte sich gern vermehren,
Tabelle? - kann ich nicht erklären
Zu Paulis Fall?, blätter zurück,
manchmal haben wir kein Glück!!!

Der Fall, der ging ins Bodenlose,
und die Saison ging in die Hose

Kurz vor der Sommerpause (spät),
und ich bin ja kein Prophet,
doch eh uns die Saison verlässt,
eines steht für mich schon fest:

7° draußen, es wird gefroren,
in 1. Liga? nix verloren!
Bei Pauli und beim HSV
war das echt unter aller Sau

Die Wahrheit, sie ist leider nackt:
Die Rückrunde haben wir verkackt

Dieses Gedicht ist schräg und schief,
aber ich seh es positiv,
ich mache eine (Trauer-)Welle:
Nächste Saison zwei Stadtduelle...

Die Fans aus Hamburg leiden viel,
nächste Saison dann wieder Kiel,
und nicht Dortmund oder Bremen
(Wer will in die Ecke, und sich schämen? (-;)

Im Sommer werd ich, das ist schön,
überhaupt keinen Fußball sehen
Ich habe St. Pauli im Herzen,
und manchmal tut die Seele schmerzen

Aber mal sehen, vielleicht ja doch,
in meinem tiefen Sommerloch,
denn das bringt ja nichts auf Dauer,
immer diese Fußballtrauer:

Das *Saison-Vorbereitungsspiel*
(von Pauli krieg ich nie zu viel)
Das hoffe ich zumindest... (-;

12.05.2019

33. Spieltag
St. Pauli : Bochum (0:0)
Oder: In Hamburg sagt man Tschüß
(bis zur nächsten Saison)

Das letzte Heimspiel der Saison,
mit den Hells Bells, unserem Gong
Und hier erst einmal kurz gefasst:
da habe ich nicht viel verpasst

Die Saison ist voll im Eimer,
das sagt euch euer Pauli-Reimer
7. Platz ist nicht so lecker,
wer zog uns eigentlich den Stecker?

Der HSV bleibt mit an Bord,
seit heute ist der Aufstieg fort
Trotz aller üblen Fan-Beschwerden:
Stadtmeister können wir wieder werden

Und es ist wirklich gar kein Hohn,
ein bisschen besser sind wir schon:
2 Plätze vor dem HSV,
da ist jetzt nur noch Supergau

Rückrundentabelle?, ich könnt sie zerbeulen,
das ist alles nur zum Heulen
Nur 14. St. Pauli ist,
ist das nun Scheiße oder Mist?

Oh, ich war gerade abgelenkt
(ein Schelm, der Böses dabei denkt)
Und bitter soll das hier nicht enden,
wie schreib ich es mit meinen Händen?

Es klappt nicht, geht nur mit Humor,
den brauchst du echt am Millerntor
Himmelmann war heut ein Meister,
und er vertrieb die Pleitengeister

1 Punkt haben wir geholt
und Bochum nicht den Arsch versohlt
Der Fußballgott hat uns verlassen,
die Rückrunde ist nicht zu fassen

Der Fußballteufel fröhlich grient:
Den Aufstieg haben wir *nicht* verdient
Doch waren auch zu viel Spieler wech,
und das nennt man *Verletzungspech*

Tragödien gehen so ans Herz,
und machen leider so viel Schmerz
Zum Schluss, da sag ich *Hey, bleib cool, Mann!*
Jetzt was vom Meister (von Thees Uhlmann):

Tragik ist wie Liebe ohne Happy End,
und eines ist wirklich sicher:
Dass die Tragik St. Pauli kennt!!!

Vor solchen Reimen muss ich verzagen,
und besser könnt ich es nicht sagen!!!

19.05.2019

Vor dem 34. Spieltag
Oder: Hurra, das Ende ist nah

1 ½ Jahre sind es schon,
dafür bekam ich keinen Lohn (-;
Ab und zu war es ein Drama,
aber es brachte gutes Karma

Ich schrieb so 300 Gedichte,
nun naht das Ende der Geschichte
Das hat echt sehr viel Kraft gekostet,
denn manchmal war ich schockgefrostet

Ganz viel Spaß war auch dabei,
1 ½ Jahre happy und frei,
12 Kilo gingen weg (zum Glück!),
und nur 2 kamen zurück..

1 ½ Kerzen auf der Torte,
und dazu jede Menge Worte,
die sich meistens auch noch reimten,
und Hoffnungen, die sehr oft keimten

Die Rückrunde war wunderlich,
und aufgestiegen sind wir nicht
Wir waren ganz klein, und auch ganz groß
(so etwas kann St. Pauli bloß!)

Gedanklich bin ich sehr weit fort,
an einem andren, fernen Ort,
damals, als alles begann,
mit so etwas wie *Fat for Fun*

Fit for Fun kam etwas später,
Pauli und ich waren am Boden,
Gute Zeiten? - See you later!
Kamen, als wir uns erhoben

Wir hatten Spaß, und nicht zu knapp,
und sehr oft ging es auf und ab
Weil Paulianer sich nie ergeben,
hatten wir ein schönes Leben

Wir sind *you'll never walk alone*,
und das mit 20.000 Phon
Wir hatten eine lange Reise,
waren oft laut und selten leise

Wär St. Pauli ne Frau, sie wäre voll süß,
und jetzt sage ich bald auch *Tschüß*
Ziehe mich langsam zurück,
St. Pauli, das ist pures Glück!

Langsam ist es auch genuch
(das ist mein 5. Pauli-Buch),
bald nur noch Fan, ist auch nicht schade,
ich lebe in der Gegengerade
Von da hab ich den schönsten Blick,
und ja: ich schaue gern zurück...

34. Spieltag
Greuther Fürth : St. Pauli (2:1)

Das ist so bitter
Oder: So ist Fußball

Der 6. Platz war heute drin,
aber wir konnten nicht gewinnen
Stattdessen wurde es Platz 9,
finanziell kein Grund zum Freuen

Verloren in der Nachspielzeit,
das tut uns echt unendlich leid
Noch immer fehlen zu viele Spieler,
und vor uns sind wieder die Kieler

Bitte werdet echt gesund,
nächste Saison geht's wieder rund

Und wir, der Loser aus dem Norden
sind noch Vorletzter geworden... (-;
Ich mache besser keine Welle,
es folgt die Rückrundentabelle

Ein kleiner Alptraum, in voller Größe,
wir gaben uns echt *jede* Blöße
Doch unser Absturz ist verständlich,
denn unser Pech, das war unendlich

Teilweise spielen ohne 10,
da kann man auch nur untergehen...

Ich liebe dich, ich träum von dir,
in meinen Träumen bist du Europacupsieger...

#	Mannschaft	Sp.	S.	U.	N.	Tore	Dif.	Pk.
1	SC Paderborn 07	17	10	2	5	40:22	18	32
2	Arminia Bielefeld	17	9	4	4	31:24	7	31
3	1. FC Heidenheim 1846	17	8	4	5	27:23	4	28
4	1. FC Köln	17	8	3	6	39:28	11	27
5	SV Darmstadt 98	17	8	3	6	24:26	-2	27
6	1. FC Union Berlin	17	7	5	5	27:21	6	26
7	SV Sandhausen	17	7	5	5	27:25	2	26
8	Jahn Regensburg	17	7	5	5	26:27	-1	26
9	FC Ingolstadt 04	17	8	1	8	27:22	5	25
10	Holstein Kiel	17	6	4	7	29:27	2	22
11	Erzgebirge Aue	17	6	3	8	21:24	-3	21
12	Dynamo Dresden	17	5	5	7	21:22	-1	20
13	VfL Bochum	17	5	5	7	24:29	-5	20
14	1. FC Magdeburg	17	5	5	7	16:22	-6	20
15	Hamburger SV	17	5	4	8	21:26	-5	19
16	SpVgg Greuther Fürth	17	4	7	6	16:25	-9	19
17	FC St. Pauli	17	5	3	9	20:32	-12	18
18	MSV Duisburg	17	3	6	8	24:35	-11	15

Aufstieg
Relegation
Relegation
Abstieg

Vizemeister heißt das wohl,
und darauf Prost (mit Alkohol)

Sommerpause

Der Sommer kommt jetzt endlich her,
und bald, bald rollt der Ball nicht mehr
Bis Ende Juli: Sommerpause,
vor der ich mich nun gar nicht grause

Bald denk ich: Fußball? Interessant!
Aber jetzt lieg ich am Strand,
und kann vom nächsten Aufstieg träumen,
den will ich wirklich nicht versäumen

Und wenn es wieder mal nicht klappt?
Wir haben ne schöne Zeit gehabt
Bei Pauli haben wir die fast immer,
nur selten ist es schlimm und schlimmer

Mein lieber Leser, du bist noch da,
das finde ich so wunderbar!
Bevor du dieses Buch verlässt,
hoff ich, du bist nicht mehr gestresst

Denn die Saison war ja nicht leicht,
am Schluss hatten wir nichts erreicht

Aber das ist nun vorbei,
im Juli ist das einerlei
Dann geht es wieder richtig los,
und unsere Hoffnung, die ist groß

Und aus dem Urlaub sag ich dir:
Heute trinken wir kein Bier
Ein Prost auf die nächste Saison,
wir sehen uns dann (im Stadion)

Inhaltsverzeichnis

Noch in der Winterpause
Fußballbanause 4

Vor dem 19. Spieltag
Nur noch 2 Tage... 5

19. Spieltag
Am Morgen vor dem Spiel 6
Einen noch... 7
Schade 8

20. Spieltag
High on Emotion 10

Vor dem 21. Spieltag
Heute wird gerockt – Wir sind der Underdog .. 12

21. Spieltag
Ein kleiner Rückschlag,
der Traum aber bleibt 13
Irgendwann in der 2. Saisonhälfte... 16

Vor dem 22. Spieltag
Keine Haue mehr von Aue 17

22. Spieltag
Der Traum ist aus 18

Vor dem 23. Spieltag
Wir kommen wie Phönix aus der Asche 21
Kurz vor dem Anpfiff 22

23. Spieltag
Wieder in der Spur 24

Vor dem 24. Spieltag
Heute / Neufassung 2019 25

24. Spieltag
Karneval 26

Die Spannung steigt...
Eine Woche vor dem Derby 28
„Vorspiel" 30
Konservativ 31
Einen noch 33
Das 100-Punktespiel 34
Alter Schwede 35

25. Spieltag
Heute habe ich mich geschämt... 36
Ein paar Stunden später... 38
Das Ende einer Ära 39

26. Spieltag
Das tut richtig weh... 40

Länderspielpause
Fußball-Fan 42
Eine Woche später 44
In medias res (Wofür steht St. Pauli?) 45

Vor dem 27. Spieltag
Ist es wunderbar oder so lala? 47

27. Spieltag
Oh, St. Pauli... 48
Zweifel 49

28. Spieltag
Auf dem Boden der Tatsachen 50
Das Ende einer Ära 52

29. Spieltag
Ein kleines Fußballwunder (?) 53
Immerhin ein Punktgewinn 54
Willkommen zurück 55
Dankbarkeit 56
Wiederauferstehung? 58

30. Spieltag
Ausgeträumt 59
Wiederauferstehung (Pauli nicht, aber ich).... 61

Fast schon Sommerpause 62

31. Spieltag
Wiederauferstehung am Millerntor 65

32. Spieltag
Vielleicht nix gut... 66
Das Tief im Norden 67

33. Spieltag
In Hamburg sagt man Tschüß 70

Vor dem 34. Spieltag
Hurra, das Ende ist nah 72

34. Spieltag
Das ist so bitter, oder: So ist Fußball 74
Die komplette Rückrundentabelle 75

Nach der Rückrunde
Sommerpause 76

Und jetzt noch etwas Werbung...

Mein erstes Buch mit Fan-Gedichten rund um den FC St. Pauli. (E-Book 4,49 €, Buch 6,90 €)

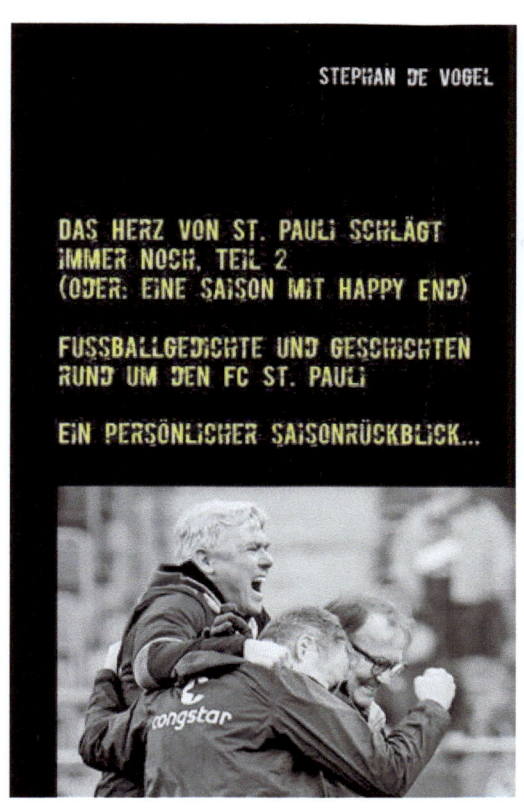

Das war die Nr. 2, vom Preis her etwas kleiner.
(E-Book 2,49 €, Buch 5 €)

Und das war die Nr. 3 (gebunden 18,99 €). Von diesem Buch gibt es eine überarbeitete Neuauflage im Taschenbuchformat. (E-Book 6,99 €, Buch 9 €)

Tja, und das hier ist der 1. Teil meines dichterischen Saisonrückblicks einer unvergesslichen Zweitligasaison des magischen FC St. Pauli... (Taschenbuch 4,99 €, eBook 2,99 €)

Anstelle eines Nachworts

Nächste Saison
wird eine Fete
Wir gehen ab
wie ne Rakete

Wo wir auch
in Tabellen stehn,
das ist egal
St. Pauli? - schön!!!

Noch einmal meld ich
mich zurück
Das hat zu oft gefehlt:
Das Glück

Angaben zum Autor

Stephan de Vogel, 52 Jahre alt. Ich lebe und arbeite in Hamburg.

Seit über 30 Jahren bin ich Fan des FC St. Pauli und gehe zu den Heimspielen am Millerntor. Seit 2005 habe ich eine Lebenslange Dauerkarte beim FC. Die zu bekommen, war fast so schön wie ein Sechser im Lotto.

Seit mehr als drei Jahrzehnten schreibe ich Fußball-Gedichte, speziell über den besten Verein des bekannten Universums..

Außerdem bin ich Mitglied im heiligen FCSP, in der Marathon-Abteilung. Fünf Jahre lang war ich kickender Abteilungstorwart bei den Marathonis. Momentan bin ich, verletzungsbedingt, „nur" noch Abteilungs-Poet und Freizeitläufer.

Im Millerntor-Stadion halte ich mich vorzugsweise in der Gegengerade auf, und ich versuche, die Spiele des FC St. Pauli von da aus zu genießen, was mir leider nicht immer gelingt... (Die Rückrunde war so lala, und eigentlich nicht wunderbar!)
Und ob meine Gedichte hinsichtlich dieser Saison wirklich die vielleicht besten der Welt sind, bleibt abzuwarten...